MORE than 100 KITCHEN designs

T0326893

More than 100 Kitchen designs

Copyright © 2014 Instituto Monsa de Ediciones

Editor, concept and project director
Josep Mª Minguet

Co-author
Marc Giménez

Art director, design and layout
Marc Giménez
(Monsa Publications)

Cover design
Eva Minguet

Instituto Monsa de Ediciones
Gravina, 43 (08930)
Sant Adrià del Besòs
Barcelona
Tel (34) 93 381 00 50
Fax (34) 93 381 00 93
monsa@monsa.com
www.monsa.com

Visit our official online store!
www.monsashop.com

Follow us on facebook!
www.facebook.com/monsashop

ISBN 978-84-15829-67-6

D.L. B 13657-2014

Printed in Spain by Cachiman Grafic

MORE than 100 KITCHEN designs

monsa

There are some unusual ideas which in turn produce practical kitchens occupying just over 10 square feet when closed. In addition, they are perfect for those cases in which there is no room specifically reserved for the kitchen as they can double up as a dining-room table when closed.

Existen ideas peculiares con las que se consigue crear cocinas prácticas que ocupan tan sólo un metro cuadrado cuando están cerradas. Además, son perfectas para los casos en que no se dispone de una estancia destinada a la cocina, ya que cuando se cierran pueden convertirse en una mesa de comedor.

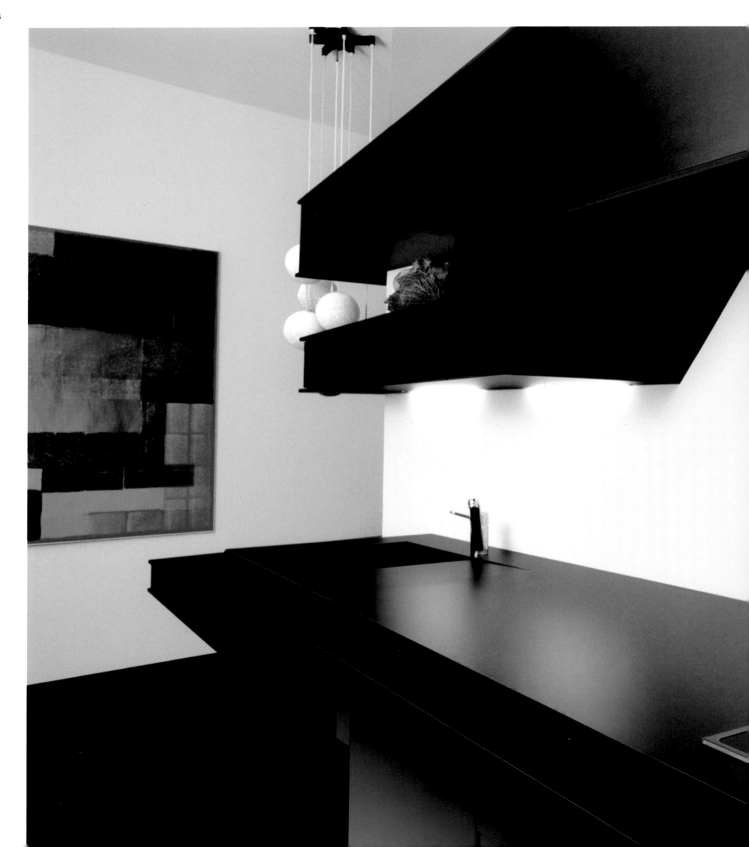

Other options are those modular multipurpose systems that include an induction cooktop, a refrigerator and an ever useful space for storing crockery and utensils. Everything must be readily at hand.

Otras opciones son los sistemas modulares multifuncionales, que incluyen una placade inducción, una nevera y el siempre útil espacio para el almacenamiento de utensilios y vajilla. Todo lo indispensable debe estar al alcance de la mano.

Minimalism, less elaborate wooden forms, and the use of new materials are all characteristics of the contemporary kitchen.

El minimalismo, las formas menos elaboradas de la madera y el uso de nuevos materiales son rasgos propios de la cocina de estilo contemporáneo.

|||||||||||||||||||||||||||||||||||||||||||||||||||||||||||||||||||||||||||||||||||||||||||||||||||||||||||||||||

MIDDLE SPACES

|||||||||||||||||||||||||||||||||||||||||||||||||||||||||||||||||||||||||||||||||||||||||||||||||||||||||||||||||

Kitchens of a medium size are most usual. The distribution of utensils, cabinets and equipment will depend on the configuration of the space and owners' individual needs. Manufacturers offer an infinite variety of colors and finishes for work surfaces and storage space. Sinks come in ceramic and stainless steel, and even major appliances, such as refrigerators or dishwashers, have become designer items giving standard kitchens a more personalized look.

Las cocinas de tamaño medio suelen ser las más habituales. La forma de la distribución de los enseres, los armarios y el equipamiento dependerá de la configuración del espacio y de las necesidades de cada uno. Los fabricantes ofrecen una infinita variedad de colores y acabados para las encimeras y el almacenamiento. Los fregaderos se presentan en cerámica y acero inoxidable, e incluso los grandes electrodomésticos, como las neveras o los lavavajillas, se han convertido en elementos de diseño para hacer de las cocinas estándar un espacio con un estilo más personal.

Faucets are now stylish and decorative items. The flooring should be robust, non-slip and easy to clean. Stone floors and ceramic tiling are ideal. If you prefer wood, you should make sure that it is solid. Nor should you forget to protect the area around the sink with another floor covering.

For instance, do not rule out the possibility of using traditional linoleum. Modern designs and colors make it a stylish, economical alternative.

Los grifos son ahora elegantes y decorativos. Los revestimientos para suelos deben ser resistentes, antideslizantes y fáciles de limpiar. Los suelos de piedra y las baldosas de cerámica son ideales. Si se opta por la madera, hay que asegurarse de que sea de tipo macizo.

Tampoco hay que olvidar proteger la zona de alrededor del fregadero con otro revestimiento para suelo. No se debe descartar, por ejemplo, recurrir al tradicional linóleo. Los modernos diseños y colores lo convierten en una alternativa elegante y económica.

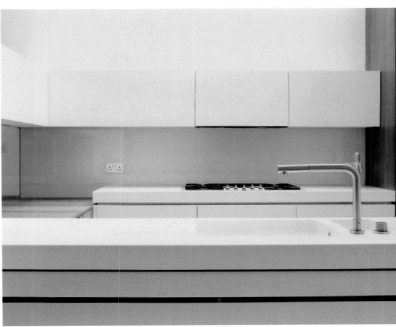

In terms of suppliers of standard units, there are measurements in the kitchen sector that are respected all over the world. It is extremely important that the creation and assembly of units is carried out properly because they are considered to form the backbone of the kitchen. It should be remembered that a faulty installation can cause problems in the short and medium term in the kitchen's life cycle if the units are uneven or there is a problem with damp.

A pesar de que en el mundo de la cocina existen unas medidas que se respetan a escala internacional, es fundamental que el diseño y el ensamblaje de los módulos estén bien realizados porque son el esqueleto de la cocina. Hay que tener en cuenta que una instalación inadecuada puede generar problemas a corto y medio plazo durante la vida útil de la cocina, y se puede dar el caso de que se produzcan desniveles o aparezcan humedades.

Hence care should be taken to avoid having windows behind areas where food is prepared. If this were indeed the case, too many shadows would be cast and it would often be necessary to have artificial lighting in the kitchens. A good option might be to place the sink or the table underneath the window. In terms of decoration, curtains or roller blinds can be installed to regulate the intensity of light, choosing between different options such as wood or fabric.

Hay que evitar que las ventanas queden detrás del área donde se prepara la comida. Si así fuera, se proyectarían demasiadas sombras y se necesitaría a menudo la luz artificial. Una buena opción puede ser colocar la pileta o la mesa debajo de la ventana. En cuanto a la decoración, se pueden instalar cortinas o persianas enrollables para regular la intensidad de la luz, de las que existen diferentes opciones, como las de madera o las de tela.

In addition, artificial lighting is also usually necessary. Care should be taken to make sure that the appliances are well lit by installing lights underneath the wall units. Most smoke extractors have lights incorporated, which are basic for being able to cook properly and efficiently. The cooking area, sink and worktop require lighting without any shadows. One solution might be to complete the lighting with lights fitted underneath the wall units in the kitchen or on the walls. The main lighting in the room should be quite powerful. This can be achieved with halogen spotlights (installing one 50 W light every 10 square feet or so) or energy-efficient light bulbs (one about every 32 square feet).

Por otro lado, la iluminación artificial también suele ser necesaria. La mayoría de las campanas extractoras de humo incluyen luces, que resultan muy útiles para cocinar. La zona de fuegos, fregadero y encimera requiere una iluminación sin sombras. Una solución puede ser completar la iluminación con luces bajo los módulos superiores de la cocina o con apliques de pared. En cuanto a la luz general, ésta debe ser potente.
Puede conseguirse con focos halógenos (instalando uno de 50 vatios por cada metro cuadrado) o luces de bajo consumo (una cada tres metros cuadrados).

Although classic designs still enjoy great popularity, the versatility of wood and aesthetic innovations in kitchen design have brought about the emergence of truly ground-breaking designs. Now, the contemporary wood kitchen has straight and smooth finishes, asymmetries and the absence of mouldings and ornamentation. Wood can also be used in combination with new materials, such as lacquers, concrete, glass, stainless steel, aluminium and laminates.

De esta forma, aunque las propuestas más clásicas siguen cosechando muy buena aceptación, la versatilidad de la madera y las innovaciones estéticas en el diseño de cocinas han permitido la aparición de diseños realmente rompedores. Ahora, la cocina contemporánea de madera presenta acabados rectos y lisos, asimetrías y ausencia de molduras y ornamentación. Además, puede ir combinada con nuevos materiales como los lacados, el hormigón, el cristal, el acero inoxidable, el aluminio y los laminados, entre otros.

In large spaces, the installation of two islands with different functions frees up wall space and makes kitchen tasks easier.

En espacios amplios, la instalación de dos islas con funciones diferenciadas libera espacio en las paredes y facilita las tareas en la cocina.

The new era of the deluxe kitchen is here. The current gastronomic culture has given rise to kitchens that have all the air of a real laboratory. The kitchen ventures beyond its normal boundaries and gains more square feet to become one of the most appreciated spaces in the house. The new generation includes domotic systems with smart computers, which inco porate an array of functions – that would not be out of place in the kitchen of any top chef

La nueva era de las cocinas de lujo ha llegado. La cultura gastronómica actual ha dado lugar a cocinas que parecen auténticos laboratorios. La cocina sale de sus límites habituales y gana metros cuadrados para convertirse en uno de los espacios más exhibidos de la vivienda. La nueva generación integra sistemas domóticos con equipos inteligentes que incorporan un arsenal de funciones, propias de la cocina de un chef.

Current kitchen brands have a range of variations with technical and safety features, with stunning designs and practical solutions of the highest quality. Thanks to the spaciousness of this type of kitchen, the shapes of the furniture and the texture of the materials take center stage together with the latest technology. Some of the proposals have a DVD incorporated with a USB port and media player for MP3, MPG, AVI and TXT files, and even enable an HDMI cable to be connected to view enhanced images. It provides an alternative for those that do not want to miss their favorite program while they are in front of the cooktop.

Las marcas de cocinas actuales presentan una gama de variedades que poseen cualidades técnicas y de seguridad, con diseños espectaculares y soluciones prácticas de alta calidad. Gracias a la amplitud de este tipo de cocinas, las formas del mobiliario, así como la textura de los materiales, ganan protagonismo junto con la última tecnología. Algunas de las propuestas llevan incorporadas un DVD con puerto USB y lector de archivos MP3, MPG, AVI y TXT, e incluso permiten conectar un cable HDMI para ver las imágenes con mayor calidad. Es una alternativa para aquellos que no se quieren perder su programa favorito mientras están delante de los fogones.

The current trend is to aesthetically unite the kitchen with the dining room using tasteful, modern décor and making this space the central point of the home. The growing popularity of contemporary kitchen models has led to the demise of the use of the characteristic framed cupboards used in many American kitchens.

La tendencia actual es unir estéticamente la cocina con el comedor por medio de una decoración cuidada y moderna, lo que hace de este espacio el punto central del hogar. La creciente popularidad de los modelos de cocina de estilo contemporáneo ha provocado que muchas cocinas americanas prescindan del característico armario con marco en su diseño.

Combining contemporary style and more traditional decor can give a kitchen area a truly classic look.

Las cocinas de estilo contemporáneo combinadas con decoraciones más tradicionales pueden dar como resultado ambientes con una estética realmente clásica.

Photo credits

© Artificio: 11

© José Luis Hausmann: 12

© Boffi: 13, 26, 110

© Alessi: 17, 86-87

© Dada: 18 top right, 20 below, 21 top
right, 45 up, 55, 100 below, 101 below, 109 up

© Scavolini: 18 bottom right,

© Nicolaus Brade: 19

© Artificio: 20 up

© Nomad: 21 below

© Sheer: 22-23

© Alno Ibérica: 24-25, 73 medium,
78 below

© Hardy Inside: 36 right

© Andreas Ilg: 40 up,

© Scavolini: 40 below,

© Bruno Klomfar: 43 bottom right

© Ernesto Meda: 46 bottom right,
98, 106 below

© Dao Lou Zha: 48

© Häcker Küchen: 49 up

© Yael Pincus: 49 below, 27, 110

© Alno Ibérica: 55, 56-57

© Gamadecor: 58,

© Hardy Inside: 59 up

© Cesar: 59 below, 108

© Ebanis: 60 up, 88 below, 89, 95 right

© Jordi Miralles: 64 up

© Bulthaup: 68

© John Gollings: 72, 73 up, 110

© Häcker Küchen: 45 below, 78 up, 107 below

© Binova: 71, 80, 82, 97 below, 104,
105 up

© Molbalco: 81

© Schiffini: 88 up, 94 below, 95 medium,
103 below

© Poggenpohl: 92 below

© Kohler: 103 up

© Eugeni Pons: 105 below

© Poggenpohl: 107 up

© Spaceworks: 50-51